الديموغرافيا وصراع الهوية

مسلمو أوروبا نموذجاً

ممدوح الشيخ

الكتاب: الديموغرافيا وصراع الهوية

المؤلف: ممدوح الشيخ

عبر تاريخ البشرية، لا تكاد حقبة تخلو من الصراع باختلاف أنواعه، فمن صراعات الجماعات البشرية الأولى على الماء والكلأ، إلى صراعات الأمم على الأرض وطرق التجارة في العصرين القديم والوسيط، ثم الصراع على الموارد الطبيعية والأسواق في العصر الحديث، كان هناك دائما دماء تسفك: من السيف والسهم إلى القنبلة النووية والطائرة الشبح.

غير أن القرن الحادي والعشرين يوشك أن يسفر عن نمط مختلف من الصراع هو الصراع الديموجرافي، وهو صراع موضوعه البشر وميدانه الهوية.

ففي ظل رغبة عالمية في منع الصراعات قبل أن تبدأ وفي إطار انتقال مخاوف البشر من شحة الموارد إلى الخوف من فقدان الهوية والذوبان في "الآخر"، يبدو أن التحكم في الصراعات المحتملة بهدف منعها انتقل من السيطرة على توازنات القوى، عبر ضبط التسلح، إلى السيطرة على النمو السكاني.

من الاقتصاد إلى الهوية

كان المفهوم التقليدي السائد للقوة، في ظل النظام العالمي الذي زال بزوال الاتحاد السوفيتي، يجعل أطرافه تخشى في المقام الأول ما يترتب على ظهور سلاح غير تقليدي، أو صاروخ أبعد مدى أو أكثر قدرة على التدمير، أما الآن فإن

معدلات النمو السكاني ودلالاتها الثقافية والحضارية تثير المزيد من القلق.

وفي قلب هذا التحول يقف المسلمون في أوروبا مواجهين بضغوط كبيرة تستهدف حقوقهم في دول عديدة بعد أن كاد الصراع في البلقان في العقد الأخير من القرن العشرين يكتب نهاية وجودهم في البلقان كلها .

وفي إطار هذا الاهتمام المحموم بالتحولات الديموغرافية وبخاصة في أوروبا توقع خبير الشؤون الإسلامية والشرق أوسطية المؤرخ برنارد لويس أن تصبح أوروبا إسلامية وجزءاً من المغرب العربي قبل نهاية القرن الحالي، استنادا إلى التحولات الديموغرافية التي تشهدها القارة الأوروبية.

ففي حديث خاص لصحيفة "دي فيلت" الألمانية قال إن الأوروبيين يتزوجون متأخرين ولا ينجبون أطفالاً إلا بعدد قليل، بينما يبرز النقيض المعاكس تدريجياً ويتجلى في:

- حضور تركي كبير في ألمانيا.

- حضور عربي كبير في فرنسا.

- حضور إسلامي باكستاني في بريطانيا.

وهؤلاء – حسب برنارد لويس – يتزوجون باكراً وينجبون أطفالاً بكثرة.

أزمة تنتظر الحسم

وإذا كان زوال الخطر السوفيتي عن أوروبا قد كتب نهاية القلق الأمريكي على أمن الحليف الأوروبي، فإن الهاجس الديموغرافي يثير قلقها على هوية أوروبا، وهي بالتالي ما تزال مستهدفة لكن على نحو مختلف.

ومن أدبيات الصراع الديمغرافي المهمة تقرير يحمل عنوان "أمريكا والعالم الإسلامي: علاقة متأزمة تنتظر الحسم" صادر (2002) عن مركز "بروكينجز للدراسات الإستراتيجية."

ويذهب التقرير في تحليل ما يسميه "أزمة الديموقراطية" إلى أنها مرتبطة على نحو وثيق بالواقع الديموغرافي في العالم الإسلامي.

"ففي قلب هذا التحدي الذي يواجه الإدارة الأمريكية، تطل علينا ظاهرة جديدة، هي: تَغيُّر السياق السياسي في كثير من الدول الإسلامية. ويرتكز هذا التغير على تحول ديموغرافي واضح؛ يتمثل أساساً في "انتفاخ شبابي" أو "سيولة شبابية" عبر جميع المجتمعات الإسلامية. فالشباب الذكور باتوا

يشكلون فئة متزايدة من سكان العالم الإسلامي؛ ومن ثم باتوا يشكلون مصدراً للقلق وعدم الاستقرار. وحالياً تكمن المخاطر في فشل الحكومات الإسلامية في استيعاب هذه الجماعة، ودمجها في الهياكل السياسية والاقتصادية".

ويضيف التقرير:

"ولا ننسى طبعاً، أن هذا الجيل الجديد المتصاعد قد أتى في مرحلة اتسمت بالأسلمة المتزايدة"..."ومما زاد الطين بلة التطور إعلام جديد في العالم الإسلامي".

والمحصلة حسب التقرير: "نشوء بيئة اجتماعية في منتهى الخطورة تتألف من "سيولة شبابية" عارمة ومتزايدة."

"مصيبة" مسلمى أوروبا

ويؤكد التقرير أن:

"الولايات المتحدة تواجه إشكالية في سياسة التوسع هي: كيف تستطيع أن تتعامل مع شئون المسلمين الذين لا يعيشون في الدول التي ينظر إليها تقليديًا على كونها إسلامية؟ ففي خضم انشغال صانعي القرار السياسي

يغفلون ـ للأسف ـ عن أخذ إحصائيات مهمة في الاعتبار. فالعرب يشكلون أقل من خمس السكان المسلمين. وكما نعلم أن أكثر الدول اكتظاظاً بالمسلمين (إندونيسيا، باكستان، الهند، بنجلاديش)، لا تقع في نطاق الشرق الأوسط. بالإضافة إلى ذلك، فإن أكثر من ثلث المسلمين يعيشون كأقليات في دول غير مسلمة (في الصين، فرنسا، الهند، الفليبين، الولايات المتحدة... إلخ). وفي الهند وحدها، يعيش حوالي 130 مليون مسلم".

"ومن ثم، فإذا كان الشرق الأوسط يمثل أهمية لنا فإن هذا لا يشمل "القصة" كلها. فإذا أرادت الولايات المتحدة إقامة علاقات

إيجابية مع العالم الإسلامي ''الأوسع'' فيجب عليها أن تتبع سياسات ''أوسع''''.

ويرسم التقرير ملامح تصور لعلاقات الأقليات المسلمة بالعالم الإسلامي وأهميتها في السياسة الدولية على النحو التالي:

''لا شك، في أن الأقليات المسلمة باتت تمثل اليوم أعداداً مهولة، تتزايد حشودها عاماً بعد عام؛ كما هو الحال في البلقان وفي آسيا الوسطى. وقد تعاظم شأن هذه الأقليات بفعل العولمة، وبفعل الاهتمام المتزايد بمكانة الإسلام في النظام العالمي...فالعولمة التي أتاحت انفتاح الحدود على مصراعيها أدخلت الأقليات المسلمة في لب العالم الإسلامي؛ بل أدخلتها في لب العالم كله''.

"وكانت النتيجة أن صار ألم دولة واحدة يُسمع في باقي الأمة. فما تجابهه الأقليات المسلمة في الفليبين والبلقان وإقليم سينكيانج لم يعد معزولاً، بل أصبح في محور الصراعات. كما سهلت العولمة انتقال العنف من منطقة إلى منطقة، بمنتهى اليسر والسهولة".

"وتظهر مشكلة أو مصيبة أخرى تتعلق بوضع المسلمين في القارة الأوربية. فالوضع الراهن ينذر بزيادة مفرطة للمواليد المسلمين؛ بالإضافة إلى المهاجرين".

ويكمل التقرير:

"إن تواجد الإسلام في أوربا سيتعاظم بطريقة مثيرة في ظل الجيل القادم. ففي فرنسا مثلاً، تصل نسبة المسلمين إلى 10% من

السكان. وفي ألمانيا، وبريطانيا، وهولندا، يشكل المسلمون نسبة مميزة ومتميزة...وهنا يأتي التساؤل: هل سيعمل مسلمو أوربا على تقريب العلاقات بين الحكومات الأوربية والإدارة الأمريكية، أم على الإبعاد بينهما؟ وما السياسات والإستراتيجيات التي يجب أن تتبعها الإدارة الأمريكية تجاه حلفائها الأوربيين التقليديين، إذا تحسن وضع الجماعات الإسلامية في أوربا"؟

الهلال المتنامي

رغم أن الدراسة السابقة كانت تبدو متأثرة
بأجواء ما بعد الحادي عشر من سبتمبر، فإن سيل
الدراسات المماثلة لم ينقطع، ففي عدد صيف
2004 من مجلة الفصلية (ذي واشنطن كوارترلي)
The Washington Quarterly (بحث طويل أعده
الدبلوماسي الأمريكي تيموثي سافيج، تحت عنوان:

"أوروبا والإسلام: الهلال المتنامي، وصدام الثقافات".

وتنبع أهمية الدراسة من أن كاتبها سافيج متخصص في الدراسات التحليلية المتعلقة بأوروبا، كما عمل قنصلاً عاماً للولايات المتحدة الأمريكية في ألمانيا.

ويبالغ سافيج – ربما عمداً في تصوير أهمية تأثير مسلمي أوروبا فيقول:

"رغم الهيمنة الغربية وتوسع سيطرة الولايات المتحدة، والعديد من القوي العظمي في العالم. فإن العديد من المحللين يعتقدون أنه لن يكون للإمبراطورية الأمريكية الجديدة، ولا حتى دول الاتحاد الأوروبي نفسه التأثير الرئيس علي مستقبل أوروبا. وعلي غير

المتوقع، فإنه سيكون للمسلمين والإسلام الدور الأساسي في نحت معالم أوروبا. ويقدر البعض أنه في منتصف القرن الواحد والعشرين سيكون الإسلام العامل الأبرز في تحديد ونحت معالم أوروبا سواء أكانت موحدة أم دولاً".

و"للتحدي الإسلامي الذي تواجهه أوروبا اليوم بعدان: داخلي يقتضي من أوروبا إدماج الأقليات الإسلامية التي تعيش في عزلة (في الغيتوهات)، مع التزايد الديموغرافي السريع، وهو ما يعتبره الكثير من الأوروبيين مهددا للهوية الجماعية الغربية، ولقيم المجتمع الأوروبية. أما التحدي الخارجي فهو أن تبلور أوروبا مقاربة للتعامل والتعاطي مع مجموع الدول الإسلامية غير المستقرة، والمحاذية

لأوروبا جنوبا وشرقاً، في دراسة تحليلية حول تنامي الإسلام في أوروبا والممتدة من الدار البيضاء جنوبا إلي القوقاز شرقاً، ولعل تفعيل الاستراتيجية الأمنية أوروبا آمنة في عالم أفضل، ومبادرة أوروبا الواسعة – وجوار جديد، تكتسي كلتاهما أهمية قصوى في ظل التحديات الراهنة."

ويتجاوز كاتب التقرير المتغير الديموغرافي ليصل إلى النتائج المترتبة عليه قائلاً:

"إن المعطي الإسلامي كعنصر إضافي في التأثير علي المشهد الداخلي وفي رسم السياسة الخارجية لأوروبا، سيكون أكثر من مجرد تأثير ديموغرافي وجغرافي. إن العلاقة

بين أوروبا والتصاعد الإسلامي يثير ويولد العديد من الظواهر الجديدة، من قبيل:

- تصاعد الإرهاب

- بروز موجة جديدة من العداء للسامية.

- تحول العديد من الأحزاب الأوروبية إلي اليمين

- مراجعة للحسابات السياسية في المؤسسات الأوروبية

إضافة إلى تعقيدات جديدة قبل الوصول إلي الوحدة، وإمكانية الحاجة إلي إعادة النظر في أسس السياسة الخارجية . . "

"ورغم أن التقاطع الأوروبي الإسلامي يمكن أن يكون ذا تأثيرات إيجابية علي العالم، فإن التجربة التاريخية لمدة أكثر من 1350 سنة تشير إلي غير ذلك، وهو في الحقيقة إرث غير مشجع. ورغم إمكان الخروج لأفق جديد في أشكال التعاطي مع هذا النمو الإسلامي، فإن الدول الأوروبية لا زالت حذرة، وتفضل الحفاظ علي الوضع القائم بمعادلاته التقليدية. ولعل المنطق نفسه يقود الأقليات المسلمة نفسها في الغرب."

ويعتقد الديبلوماسي الأمريكي أن التمنع عن الاندماج والوصول إلي صيغ مثلي للتعايش، يعود إلى التحولات الديمغرافية داخل أوروبا، وأهمها تنامي عدد المسلمين، الأمر الذي من شأنه أن يسلم

أوروبا إلي حالة من الاضطراب، والاهتزاز الاجتماعي، بل يفتح الأبواب أمام صراعات داخلية، تجعل أوروبا عارية أمام التحديات الدولية.

وتقدر الدراسة أنه إذا كان الوضع لم يصل إلي هذا المستوي بعد، فإن مؤشرات عديدة تدفع إليه.

مؤشرات ديموغرافية أوروبية

يرسم الدبلوماسي الأمريكي تيموثي سافيج ملامح خارطة الاهتمام الأوروبي بالوجود الإسلامي وآثاره السياسية حيث لا تزال قلة من الدول الأوروبية فقط تقوم بتشكيل قاعدة معلومات حول عدد المسلمين وطبيعة حضورهم داخل هذه البلدان. بل ثمة بلدان مثل بلجيكا، والدانمارك،

قدمت دراسة تحليلية حول تنامي الإسلام في أوروبا. أما فرنسا وإيطاليا واليونان والمجر ولوكسمبورج وأسبانيا فما تزال تمنع إثارة أو إدراج أسئلة حول الديانة في أي البيانات الرسمية.

وهناك إلي حتى اليوم 13 دولة أوروبية لا تعترف بالإسلام رغم أنه الإسلام يحتل المرتبة الثانية من حيث عدد معتنقيه في أكثر من 16 دولة من مجموع 37 دولة أوروبية.

وإذا كانت التقديرات الأوروبية تحصي عدد المسلمين بما يتراوح بين 13 إلي 18 مليوناً، اعتماداً علي تقديرات إعلامية وبحوث غير مكتملة، فإن التقرير الأمريكي المتعلق بالحريات الدينية الصادر العام 2003 يقدر عدد المسلمين في أوروبا بأكثر من 23 مليون نسمة، أي حوالي 5 % من عدد سكان أوروبا.

وفي حال انضمام تركيا إلي الاتحاد الأوروبي سيقفز عدد المسلمين إلى أكثر من 90 مليونا، بما نسبته 15 % من عدد سكان أوروبا، كما أن أعداد المسلمين زادت لأكثر من الضعف خلال الثلاثة عقود الأخيرة ونسبة الولادات في صفوفهم مرتفعة جداً.

ويرجع الديبلوماسي الأمريكي صاحب الدراسة موجة الهجرة وطلبات اللجوء المتزايدة من منطقة الشرق الأوسط وشمال أفريقيا (المنطقة التي تحتل المرتبة الثانية عالمياً من حيث الخصوبة)، يرجع هذه الموجة إلي تزايد سوء الأوضاع في هذه المنطقة، وليس إلي حاجة أوروبا لليد العاملة، وهي التي تحتل أدني مرتبة في العالم من حيث الخصوبة.

وتقدر الدراسة أن سكان الشرق الأوسط وشمال أفريقيا سيتضاعف عددهم خلال العقود الثلاثة القادمة بينما يتراجع التزايد السكاني في أوروبا. وسيؤدي هذا الاختلال في النمو الديمغرافي بين الشمال والجنوب إلي تزايد عدد المهاجرين، وهو توجه يكاد يصبح حتمياً مع حاجة أوروبا إلي يد عاملة شابة.

مفارقات الجوع والتخمة

من المفارقات التي يشير إليها هذا الاهتمام المتزايد بالديموغرافيا أنه للمرة الأولى يصنف عالم الجنوب/ الشرق في خانة الغنى بعد أن بقي لقرون يصنف في خانة الفقر اقتصادياً وثقافياً وتقنياً وعسكرياً. إذ أدى اتخاذ الديموغرفيا معياراً للتصنيف إلى الانتباه إلى حالة "التخمة" في

الجنوب/ الشرق مقابل حالة **"الجوع الديموغرافي"** في الشمال/ الغرب، مقابل التخمة في الجنوب/ الشرق، وهي تخمة ذات معنى خاص.

ونعود إلى الدراسة المهمة لتيموثي سافيج **"أوروبا والإسلام: الهلال المتنامي، وصدام الثقافات"** حيث يعزز مصداقية المخاوف التي يحذر منها بالاستشهاد بدراسة أشرفت عليها الأمم المتحدة سنة 2000 أشارت إلى أن الدول الأوربية تحتاج توازنا ديمغرافيا نتيجة شيخوخة سكانها، وأن ذلك يمكن أن يتم عبر استقدام حوالي 13.5 مليون مهاجر للحفاظ علي مجتمع متوازن غير مختل التركيبة بين الشيوخ والشباب.

وتشير التقارير حول المسلمين في غرب أوروبا اليوم، إلى أن 50 % منهم مولودون في هذه الدول الأوروبية، والأهم من ذلك أن تزايد

نسبة الولادات في صفوف المسلمين هو اليوم أكثر ثلاث مرات من معدل الولادات بين غير المسلمين، وهو ما سيساهم في تزايد عدد المسلمين في أوروبا. ويشكل المسلمون النسبة الفئة العمرية (معدل الأعمار) الشابة مقارنة بغيرها من الفئات. حيث نجد أن:

- ثلث عدد المسلمين في فرنسا البالغ عددهم 5 مليون نسمة هم تحت سن العشرين، مقارنة بـ % 21 من إجمالي سكان فرنسا.

- وفي ألمانيا فإن ثلث عدد المسلمين البالغ 4 مليون نسمة أقل من 18 سنة من العمر، مقارنة بـ 18 % من إجمالي سكان ألمانيا تحت هذا السن.

- وفي المملكة المتحدة (بريطانيا) فإن عدد المسلمين يقدر بـ 1.6 مليون نسمة ثلثهم تحت سن 15 سنة، مقارنة بـ 20 % من إجمالي البريطانيين من نفس الفئة العمرية .

وفي السنة نفسها، فإن النسبة نفسها تقريباً توجد في بلجيكا التي يقدر عدد المسلمين فيها بـ 364 ألفا، ثلثهم دون سن الخامسة عشرة .

وتؤكد الدراسة أنه رغم أن دخول الأوروبيين المسيحيين في الإسلام ما زال يمثل معطي بسيطاً في تزايد عدد المسلمين، إلا أن من شأنه أن يتحول إلي محرك فاعل في حضورهم في الغرب، وخصوصاً إذا اتجهت الأوضاع إلي الاعتراف به وإقامة مؤسسات للتعبير عنه.

وإذا كانت التقديرات تشير إلي أن عدد المسلمين في أوروبا سيتضاعف مع العام 2015، فإن التقديرات نفسها تشير إلي تراجع عدد الأوروبيين غير المسلمين بنسبة 3.5 %. بل تشير التوقعات إلي أن عدد المسلمين سيصل مع منتصف القرن (عام 2050) إلي 20 % من سكان أوروبا. وتذهب بعض التقديرات إلي أن عدد ربع سكان فرنسا سيكون من المسلمين مع حلول 2025 ، وأنه في حال استمرار نسب تزايدهم فإن عددهم قد يفوق عدد غير المسلمين في فرنسا ودول أخرى.

ولهذه الأرقام دلالات كبيرة، وبخاصة أن السكان في عدة دول أوروبية يتجه للتراجع لضعف نسب الولادات. وتقدر الأمم المتحدة أن إجمالي سكان أوروبا سيتراجع بحوالي 100 مليون، من 728 مليونا عام 2000 إلي حوالي 600 مليون،

ويمكن أن ينخفض العدد ليصل إلي أقل من 565
مليونا خلال العام 2050.

من "جالية" إلى "أقلية"

ولعل مما يلفت الانتباه اليوم أن طبيعة الوجود الإسلامي في الغرب شهدت تحولاً، فمن مجرد عمال مهاجرين يبحثون عن العمل، والإقامة المؤقتة، تحول المسلمون إلي جزء من التركيبة المجتمعية السكانية؟

ويمكن القول بأنهم تحولوا في طبيعة حضورهم من **"جالية مسلمة"** إلى **"أقلية مسلمة"**. وأصبح بدهياً اليوم الحديث عن بداية **"مأسسة"** الإسلام في أوروبا، بل كذلك إعادة توعية المسلمين بهويتهم ودينهم.

غير أن الحديث عن أقلية مسلمة ككتلة واحدة منسجمة، وموحدة أمر يفتقر إلى الكثير من الدقة، وبصفة عامة يتزايد تعريف المسلمين لأنفسهم من خلال الإسلام.

ويلحظ في هذا الصدد زوال العديد من الحواجز بين المسلمين، خصوصا الشباب منهم، وتفسر الدراسة هذا الأمر بوجود قيادات مسلمة جديدة، لا ترتبط ضرورة بدولة إسلامية معينة، بل علي العكس من ذلك فهي تنمي في الشباب المسلم وعيا جديدا باعتبارهم أبناء البلدان التي يقيمون

فيها وجزءاً لا يتجزأ من تركيبته المجتمعية. ولعل نشأة الشباب المسلم في الغرب جعلته أسهل وأسرع في تقبل مثل هذا الخطاب الجديد، إلا أنها لا تزال في نظر الرأي العام الأوروبي **"أجنبية"** و**"مهاجرة."**

وتبقى نسبة حاملي الجنسية، أو المؤهلين للحصول عليها، رغم ذلك في تزايد، خصوصا مع تزايد أعداد المولودين في أوروبا، والتسهيلات الممنوحة في بعض بلدان أوروبا للحصول علي الجنسية، وهو ما سيسرع عملية اندماج المسلمين كأقلية في المجتمع الأوروبي.

وتسجل الدراسة ـ اعتماداً علي بعض الإحصائيات ـ أن:

- 3/5 من المسلمين في كل من فرنسا وبريطانيا يحملون جنسية أي من هذين البلدين.

- والنسبة في ألمانيا تتراوح بين 15 و20 %.

- في حين أن 11 % تقدموا بطلبات في هذا الشأن.

- يخطط 48 % من المسلمين في ألمانيا للتقدم بطلبات الحصول علي الجنسية، وذلك حسب مسح أجرته إحدى المؤسسات البحثية عام 2001.

وتعني هذه الإحصاءات أن 2.4 مليون سيضافون إلي عدد الألمانيين الذين يحق لهم الانتخاب. وبصفة عامة فإن عدد المسلمين

الحاملين لجنسيات دول أوروبية سيشهد ارتفاعاً ملحوظاً في المدى المنظور.

واللافت للنظر أنه ورغم تزايد عدد حاملي الجنسية فإن الشباب المسلم في أوروبا، يبدي تمنعاً ملحوظاً عن الذوبان في المجتمع الأوربي بقيمه العلمانية وهم يظهرون تمنعاً لم يبده آباؤهم وأجدادهم القادمون إلي أوروبا.

وبقدر ما يبدي الشباب المسلم اليوم إيجابية في الاندماج في المجتمع الأوربي، ويحترم التصورات الوطنية والمعايير القومية، فإنه يميل في الوقت نفسه للتعبير عن هويته الثقافية الإسلامية، والتزامه بالتوجيهات العامة لدينه. ويعتبر كثير منهم أن الاندماج الكامل، حد التماهي مع المجتمعات الأوربية من شأنه أن يسلبهم هويتهم

الثقافية. بل يعتقدون أن هذا الانسلاب هو الثمن الذي تطلبه الحكومات الأوربية للتعايش معهم.

لذلك ـ وكرد علي مثل هذه المظاهر ـ بيَّن مسح أجري حول مدي تعبير المسلمين في فرنسا وتعريفهم لأنفسهم من خلال دينهم، أنه في سنة 2001 زادت النسبة بكثير علي ما كانت عليه في العام 1989 أو العام 1994، حيث زاد عدد الذين يقدمون أنفسهم باعتبارهم مسلمين بنسبة 25 % وذلك في الفترة بين العام 1994 والعام 2001 .

واهتمام إسرائيلى أيضاً

كما تشير الدراستان السابقتان لاهتمام أمريكي شديد بالظاهرة، وكما تكشفان عن إطار نظري يحكم نظرتها، إليها أثارت الظاهرة اهتمام إسرائيل.

ففي يونيو من العام 2002 نشر **"الكونجرس اليهودي العالمي"** تقريراً عنوانه:

"حول صعود الإسلام في أوروبا"، وقد تناولته الصحافة الإسرائيلية بالتحليل محذرة من خطر ازدياد الوزن النسبي للمسلمين في الغرب عموماً، وبخاصة أوروبا، وتأثيرات ذلك في الموقف الأوروبي من الصراع العربي الصهيوني.

فكما يقول التقرير، فإن الدين الإسلامي اليوم يتمتع بمعدلات النمو الأعلى في أوروبا، وهناك حوالي 20 مليون إنسان في دول الاتحاد الأوروبي يعتبرون أنفسهم مسلمين، ويمثل المسلمون الأوروبيون اليوم قوة سياسية يتوجب أخذها بالحسبان.

وإذا تواصل هذا الاتجاه سيشكل المسلمون في عام 2020 حوالي 10 % من مجموع السكان في أوروبا. وبين عامي 1961 – 2001 مثلاً

ازداد عدد المسلمين في بريطانيا من 82 ألفا إلى أكثر من مليون .

ومع الإلحاح على الظاهرة بدأ يتبلور تخوف حقيقي منها في بعض الدول الغربية، فللمرة الأولى في بريطانيا تجري الحكومة دراسة تستهدف رسم خريطة دينية لسكانها، وقد اعتبرت صحيفة "ذي إندبندنت" البريطانية (18/ 8/ 2004) أن مؤشرات قوية على تغير الخريطة الدينية في بريطانيا بشكل درامي خلال العقد المقبل بدأت في الظهور. واستندت الصحيفة إلى دراسة رسمية هي الأولى من نوعها في بريطانيا كشفت أن غالبية المسيحيين البريطانيين يعتبرون أن الدين ليس له دور رئيس في حياتهم، فيما أكد غالبية البريطانيين معتنقي الديانات الأخرى وعلى رأسها

الإسلام أن الدين يمثل أهمية قصوى بالنسبة لهم في الحياة.

وكشفت الدراسة التي أعدتها وزارة الداخلية البريطانية حول الاعتقاد الديني في بريطانيا عما يلي:

أولاً: أن 4 من بين كل 5 أشخاص تقريباً (من بين 15 ألفا و500 شخص شملهم الاستطلاع) قالوا: إنهم يعتنقون ديناً ما، وهي نسبة اعتبرها مسئولون بريطانيون عالية للغاية في مجتمع تتزايد فيه العلمانية.

ثانياً: أن المسيحية والإسلام والهندوسية جاءت على رأس الديانات التي يعتنقها البريطانيون بنسب 74 % (98 % منهم من البيض)، و2 %، و0.08 % على التوالي.

وبسؤالهم عما إذا كان ارتباطهم الديني يحدث أي تغير في حياتهم:

- قال 17 % فقط من المسيحيين البيض الذين شملهم الاستطلاع: إن الدين هام بالنسبة لهويتهم، ولكن أهميته تأتي في مرحلة تالية لكل من الأسرة والعمل والعمر والمصالح والتعليم والجنسية والنوع والدخل والطبقة الاجتماعية.

- قال 70 % من المسيحيين السود: إن الدين يأتي في المرتبة الثالثة من اهتماماتهم، وقال ذوو الأصول الآسيوية من المسيحيين: إنه يأتي ثانيا بعد الأسرة.

وحسب دلالات الاستطلاع فإن مؤشرات على حدوث تغير ديموجرافي سريع في بريطانيا

بدأت في الظهور، منها أن 18 % فقط من المسيحيين البريطانيين الذين تتراوح أعمارهم بين 16 و24 عاما قالوا: إن الدين يمثل أهمية بالنسبة لهم، بينما وصلت النسبة بين نظرائهم من شباب المسلمين البريطانيين إلى 74%، وكانت بين شباب السيخ 62 %.

إن قضية الهوية حاضرة بشكل غير مسبوق في نظرة الغربيين للوجود الإسلامي في أوروبا، والأرقام المتداولة خلال السنوات القليلة الماضية تعكس قلقا أوروبيا على الهوية بلغ قمته في السجال الذي شهده العام الحالي حول الدستور الأوروبي وإمكان ذكر المسيحية – أو الإسلام – فيه وهو المسعى الذي انتهى إلى الفشل.

ويشكل الدور الذي يلعبه الإسلام في رؤية المسلم لهويته المشكلة الأكثر إثارة لمخاوف

الساسة الأوروبيين، فهو صراع على الهوية ساحته الديموغرافيا .

المصادر

- المؤرخ برنارد لويس: أوروبا ستصبح مسلمة في نهاية القرن الحالي ــ غسان أبو حمد ــ
  http://www.almoughtarib.com

- أمريكا والعالم الإسلامي: علاقة متأزمة تنتظر الحسم ــ صادرة عن: مركز بروكينجز للدراسات الإستراتيجية ــ الكاتب: د. بي.دبليو. سينجر ــ دكتور باحث في دراسات السياسة الخارجية بمؤسسة بروكينجز، ومنسق لمشروع بروكينجز عن السياسة الأمريكية تجاه العالم الإسلامي ــ ترجمة وتحرير:

شيرين حامد فهمي – إسلام أون لاين 2002/11/28.

- أوروبا والإسلام: الهلال المتنامي، وصدام الثقافات – تيموثي سافيج – مجلة The Washington Quarterly الفصلية – عدد صيف 2004، وتنبع أهمية الدراسة من أن كاتبها متخصص في الدراسات التحليلية المتعلقة بأوروبا، كما عمل قنصلا عاما للولايات المتحدة الأمريكية في ألمانيا.
- توقعات بتغير خريطة بريطانيا الدينية – جريدة الاندبندانت البريطانية – 18/ 8/ 2004.
- حول صعود الإسلام في أوروبا – تقرير – جريدة الوطن العمانية – 14 يونيو 2002.

المؤلف:

ممدوح الشيخ

مفكر

نشر له مئات المقالات والدراسات في عشرات الدوريات العربية.

صدر له أكثر من عشرين مؤلفاً في القاهرة وبيروت ومسقط.

نال جوائز مصرية وعربية في الشعر والمسرح والرواية.